Christa Eberhardt

TIERE, TYPEN, TRAUMFIGUREN

Ein Schminkbuch für Kinder

frechverlag

HINWEIS: Achten Sie beim Schminken auf dermatologisch getestete, wasserlösliche Farben! Die Modelle in diesem Buch wurden mit den Schminkfarben der Firma Kryolan (Berlin) gearbeitet.

Fotos: frechverlag GmbH + Co. Druck KG, 70499 Stuttgart; Fotostudio Ullrich & Co., Renningen

Auflage: 5. 4. 3. 2. 1. | Letzte Zahlen
Jahr: 2000 1999 98 97 96 | maßgebend

ISBN 3-7724-2174-1 · Best.-Nr. 2174
Druck: frechverlag GmbH + Co. Druck KG, 70499 Stuttgart

ALLE, die Lust haben zu malen und lustig bemalt werden wollen – für allerlei Anlässe oder nur zum Spaß – sind durch dieses Büchlein aufgefordert, frisch und mutig mitzumachen. Zum Gestalten eignen sich besonders die glatten Kindergesichter, die fast so leicht wie Papier zu bemalen sind. Kinder zeigen eine erstaunliche Geduld und belohnen Ihre künstlerischen Bemühungen mit freudigem Strahlen.

Wenn Ihnen nicht alles so gelingt wie auf den Abbildungen, so betrachten Sie dies einfach als Ihre künstlerische Freiheit! Auch das Experimentieren mit der Vielfalt der Farben läßt Varianten zu, die völlig anders wirken. Jede Farbe hat eine andere optische Wirkung. So können Sie zum Beispiel Katzen so vielfältig gestalten, wie sie die Natur bietet. Jede Katze sieht anders aus, und Sie können viele Katzen, ein Katzen-Duett oder -Quartett mit Schminke und anderen Accessoires gestalten.

Ein wenig zeichnerisches Talent ist hilfreich, jedoch nicht erforderlich. Es sind Entwürfe dabei, die ganz einfach und schnell zu zeichnen sind und es z.B. erlauben, einige Kinder schnell für einen Geburtstag zu schminken. Und nun viel Spaß!

Ihre
Christa Eberhardt

Sie brauchen ...

- 1–2 Pinsel, flach, etwa Größe Nr. 5
- 1–2 Pinsel, flach, etwa Größe Nr. 2 oder 3
- Dermatographen und Kajalstifte
- 2–3 Schminkschwämme
- 1 Spitzer
- Gefäß mit Wasser
- Grund-Make up, hell
- Kosmetiktücher
- Handtuch
- Wattestäbchen
- Stirnband oder ähnliches
- Licht
- evtl. vorbereitete Schablonen
- Gesichtsmalfarben (Kryolan Aqua)

Tips aus der Praxis

- Die Gesichter brauchen keine spezielle Vorbehandlung. Bemalen Sie sie einfach so, wie sie sind. Eine Grundierung mit einem hellen Grundton bei hellen Gestalten macht ein schöneres Bild (siehe Seite 26/27).
- Schwämme: Sie brauchen einen Schwamm für helle Farben und einen für dunkle Farben. Immer wieder auswaschen, damit die Farben klar bleiben!
- Die Kajalstifte immer gut spitzen, sie zeichnen so besser.
- Aufteilen der rechten Gesichtshälfte und passend dazu die linke Hälfte: Um Abstände zu messen, helfen die Finger oder die Pinsellänge; auch kleine Kreuze oder zart gestrichelte Konturen machen es Ihnen leichter. Ist Ihnen Ihre Arbeit doch einmal total mißlungen, so waschen Sie einfach alles mit Wasser ab, die Farben sind wasserlöslich. Bevor Sie nun erneut starten, muß das Gesicht trocken sein!
- Grundieren mit dem Schwamm: Mit dem Schwamm großflächig grundieren, mehr tupfen als streichen, bei Bedarf mehrmals übereinander oder richtig dick auftragen. Ihre Farben reichen, auch wenn die Näpfchen klein aussehen, für viele Gesichter (30–70)! Dabei beachten Sie bitte, daß bei heller oder gar weißer Grundierung die zweite Farbe blasser wirkt als bei ungrundierten Partien! So wirkt zum Beispiel Schwarz auf Weiß leicht wie Grau.
- Bei vielen Masken habe ich nicht das ganze Gesicht grundiert oder bemalt, so daß die Wirkung einer Maske – wie zum Beispiel im venezianischen Karneval – nahekommt. Ich empfehle Ihnen als Grundfarben Weiß, Rot, Grün, Schwarz, Gelb, Braun und Blau.
- Da Sie mit Kryolan-Gesichtsfarben wie mit normalen Wasserfarben aus dem Wasserfarbmalkasten umgehen können, können Sie jede gewünschte Farbe mischen – mischen Sie so lange, bis Sie Ihre individuelle Farbe gefunden haben. Ich arbeite ausschließlich mit diesen dermatologisch getesteten Farben. Natürlich gibt es auch andere Farben, mit denen Sie gute Ergebnisse erzielen können.

Weisse Katze

Gesicht bis nahe an die Augen großflächig mit Weiß grundieren, Stirn und Nasenspitze aussparen. Die Vorzeichnung für die Stirn: Bogen leicht rund, die Ohren leicht spitz zulaufend, die Nase rund. Alles wird mit einem dunklen Stift gezeichnet. Die Augen sehr schräg ansetzen, die dunkelste Betonung stark ausmalen.
Für Nase und Mund: Mischen Sie zu Weiß ein wenig Rot, das sich ergebende Rosa wird dann mit einem dunklen Stift umrandet.
Kleine Barthaare und wenige Tupfen aufmalen. Malen Sie mit dem Pinsel Stirn, Nasenrücken und Augen schwarz aus. Es soll eine optische Fellzeichnung entstehen! Ein dünner Strich vom Auge Richtung Nase und ein paar Striche am Kinn, fertig! Malen Sie auch Katzen mutig in anderen Farben. Lassen Sie sich z.B. von „Cats" inspirieren.

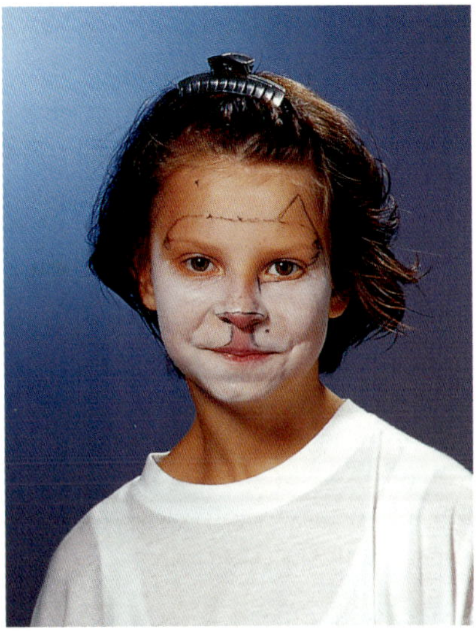

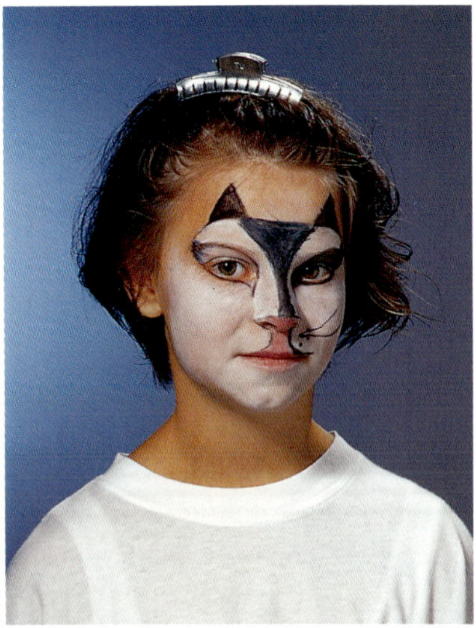

Lila Katze

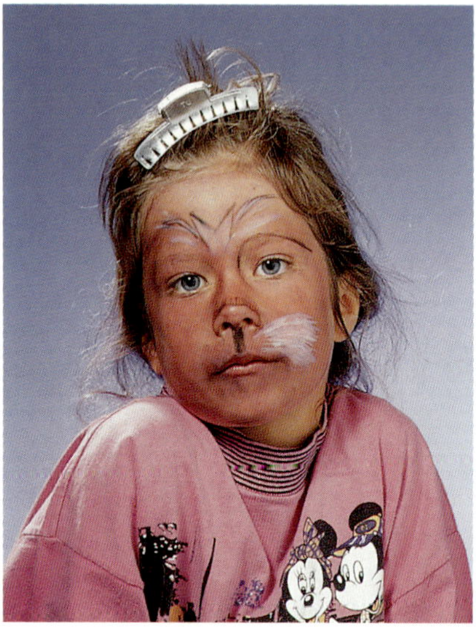

Mit Lila wird grundiert, die obere Stirnhälfte kann frei bleiben. Die Stirnzeichnung, die Nase und den Bogen um das Auge malen. Die Oberlippe nach oben steigend in Schwarz anlegen, den Bart in Weiß, wie eine Feder. Das Lid malen Sie kräftig mit Lila aus und ziehen es nach oben ansteigend bis unter die Braue. Kajal betont das Auge nach außen. Unter dem unteren Wimpernkranz wird die Augenbetonung mit einem ca. 1 cm langen Strich beendet. Auf dem Kinn ein paar Pinselstriche plazieren.

Maus mit Käse

Wie auf der linken Abbildung des Gesichts ist die Maus zunächst grau grundiert, die hellen oder andersfarbigen Partien lassen Sie gleich frei. Bei der rechten Gesichtshälfte ist die Kontur von den Ohren, den Brauenhaaren, der Stirn, der Nase, den Barthaaren und die Kontur des Mundes vorgezeichnet.
Die Öhrchen, die Nase und die Lippe mit Rosa ausmalen. Die Augenlider werden weiß bedeckt. Die Zähne zeichnen Sie mit zwei parallelen Pinselstrichen in Weiß direkt auf die Unterlippe und umranden sie dunkel.
Auf das Kinn können Sie noch den Käse malen: Ein gelbes Rechteck, dunkel sind die Löcher. Malen Sie mit Braun auch die Umrandung des Käses.

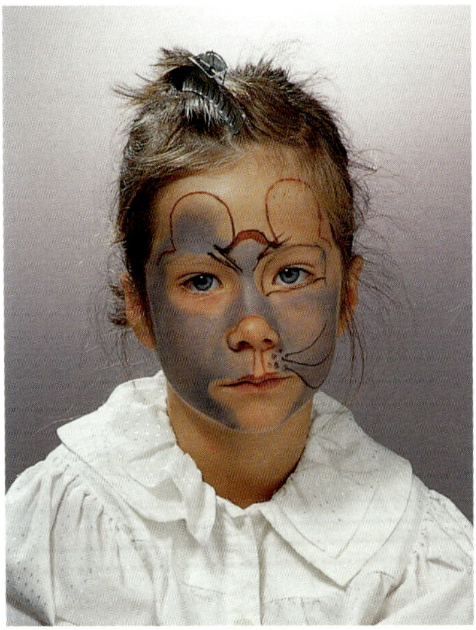

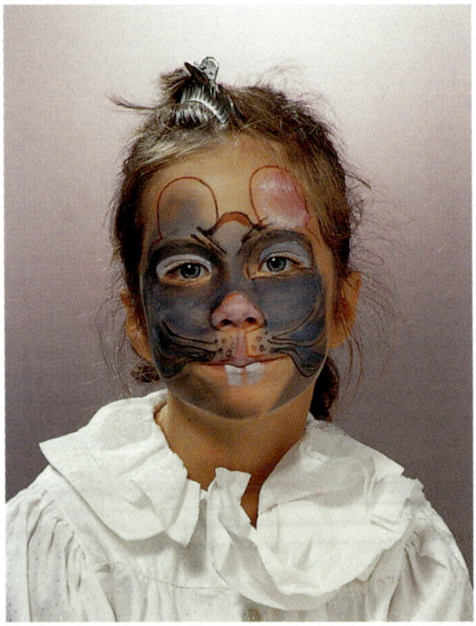

Hund

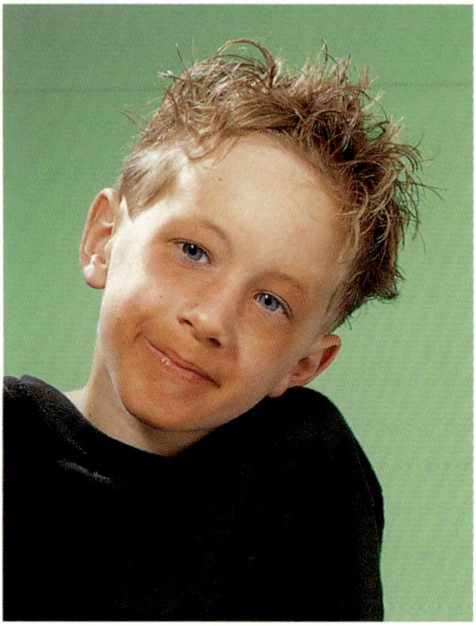

Dieser Hund geht ganz einfach.

Beide Augenkreise und die Mundpartie mit dem Schwamm grundieren. Es kann ein Hund ganz nach Ihrem Farbwunsch sein! Diese Maske ist auch für Kinder geeignet, die nicht lange still halten!
Nasenspitze und Stirnfalten sowie die Oberlippe mit Schwarz versehen. Barthaare, Brauen und Kinn werden mit dünnem, farblich dunkler gewähltem Kajal ausgearbeitet.

Gefleckter Hund

Zunächst mit dem Stift die wellige Umrandung für die Augenzeichnung und die Mundzeichnung malen (Abbildung unten links). Danach in der gewünschten Farbe große Teile des Hundegesichts mit einem großen Pinsel oder dem Schwamm ausmalen.
Das Augeninnere, die Nase und die Mundpartie bleiben frei. Sie werden kräftig Weiß gemalt (siehe Abbildung unten rechts). Die Nase und die Oberlippe versehen Sie mit Schwarz. Alle Ungleichheiten und Umrandungen werden mit einem Pinsel nachgearbeitet. Auf das Weiß der Mundzeichnung mit einem feinen Pinsel Haare stricheln und die Umrandung des Gesichts wie ein Fell gestalten.

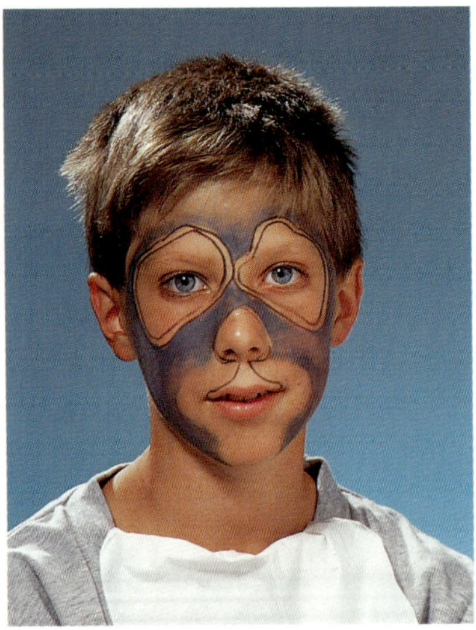

Bär

Ein rundes Kindergesicht mit vollen Bäckchen eignet sich für den Bären besonders gut! Die Vorzeichnung für die Stirn, die Nase und die Ohren des Bären malen Sie in Braun (siehe Abbildung unten links).
Die „Bären-Maske" halten Sie hell, die Stirn, die Ohren und die Umrandung braun. Die Augen malen Sie kräftig nach, mit zwei kleinen Abwärtsstrichen Richtung Nase. Die Nasenspitze und die Mundzeichnung tönen Sie dunkelbraun (siehe Abbildung unten rechts). Die Mundwinkel abrunden, damit der Bär lieb schaut! Die Unterlippe hat eine winzige rote Rundung für ein niedliches Teddy-Mäulchen.

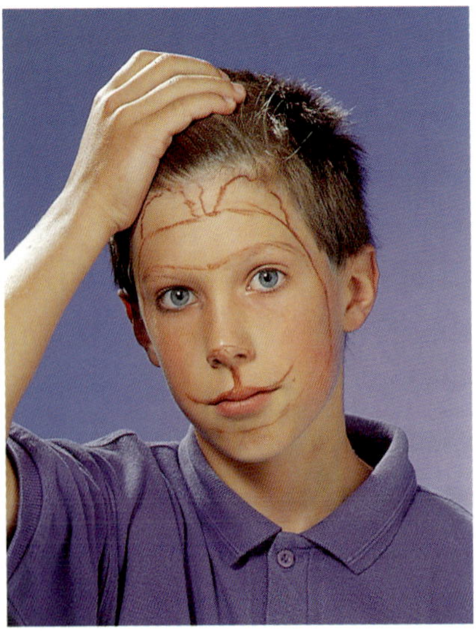

Ein zusätzlicher Gag sind bemalte Bärenpfoten!

AFFE

Mit einem Schwamm wird ein heller Hautton rund um die Augen bis über die Brauen aufgetupft; Mund und Nase werden leicht oval zum Kinn hin aufgetragen. Das übrige Gesicht ist braun.
Mit einem dunklen Stift Mund- und Augengrundierung gut umranden. Es hilft ein beliebiger runder Kreis als Schablone, zum Beispiel eine Papprolle. Feinheiten werden mit dem Pinsel ausgebessert.
Den Mund malen Sie mit etwas Rot schlank als Oberlippe. Die Unterlippe bleibt im Grundton. Mit Kajal das Auge stark sehr rund umranden. Mit dem Finger können Sie ein paar Lichter auf die Stirn setzen!

Frosch

Grün ist natürlich die Hauptfarbe des Frosches. Zunächst malen Sie mit einem grünen Stift die Kontur: die Wangen recht breit, die Schläfen schlanker, nahe beim Auge. Am Kinn lassen Sie die breiten Wangen sehr schmal zusammenlaufen.
Dann kräftig Grün auftragen! Lassen Sie einen Rand unter dem Auge sowie bis zur Braue frei. Um das Auge, oben wie unten, einen breiten Pinselstrich in eckiger Form in Gelb ziehen (siehe Abbildung unten rechts). Das Lid darüber, bis zur Braue, rein weiß ausmalen (siehe rechts in der Abbildung). Der Mund ist ein etwas welliger Pinselstrich in Rot, den Sie ca. zwei Finger breit über den eigentlichen Mundwinkel laufen lassen. Alles wird zum Schluß dunkel umrandet.

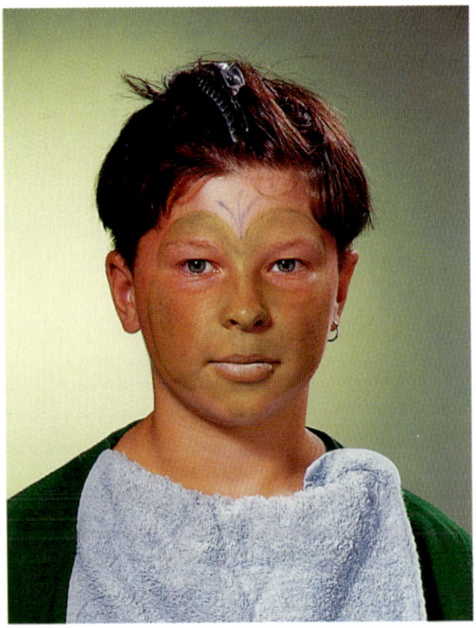

SCHMETTERLING

Nasenwurzel, Nase, Lippen und etwas vom Kinn werden für den Korpus dunkel bemalt. Eine Rundung an der Nasenwurzel ist der Kopf, daran sitzen die Fühler.
Die Flügel werden schlanker in der Gesichtsmitte (siehe Abbildungen).
Die Abbildung 2 zeigt die Schmetterlingszeichnung. So können die Augen jeweils als helle „Tupfen" mit eingebracht werden. Ihr Schmetterling ist so farbig und bunt, wie Sie es wollen!

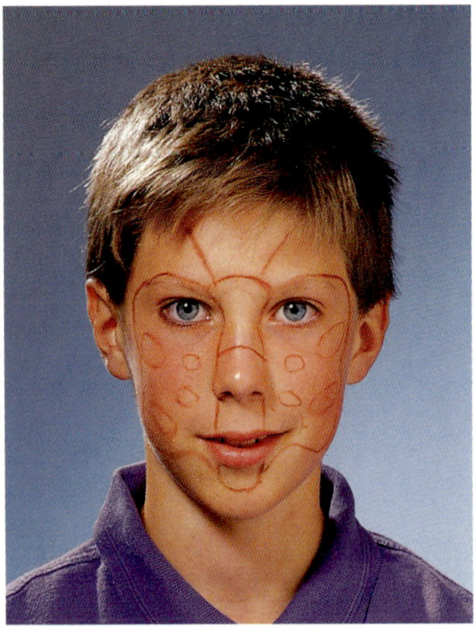

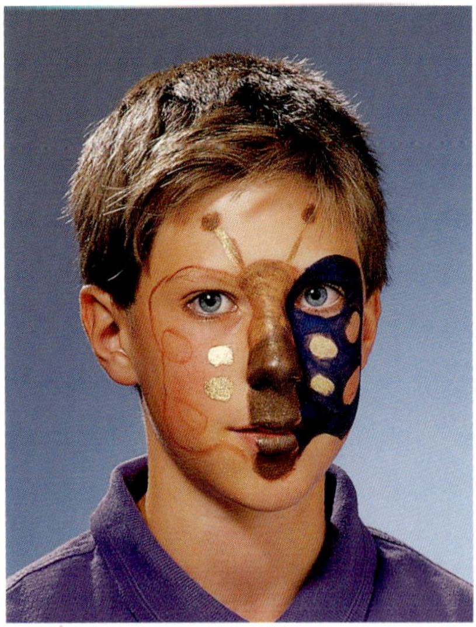

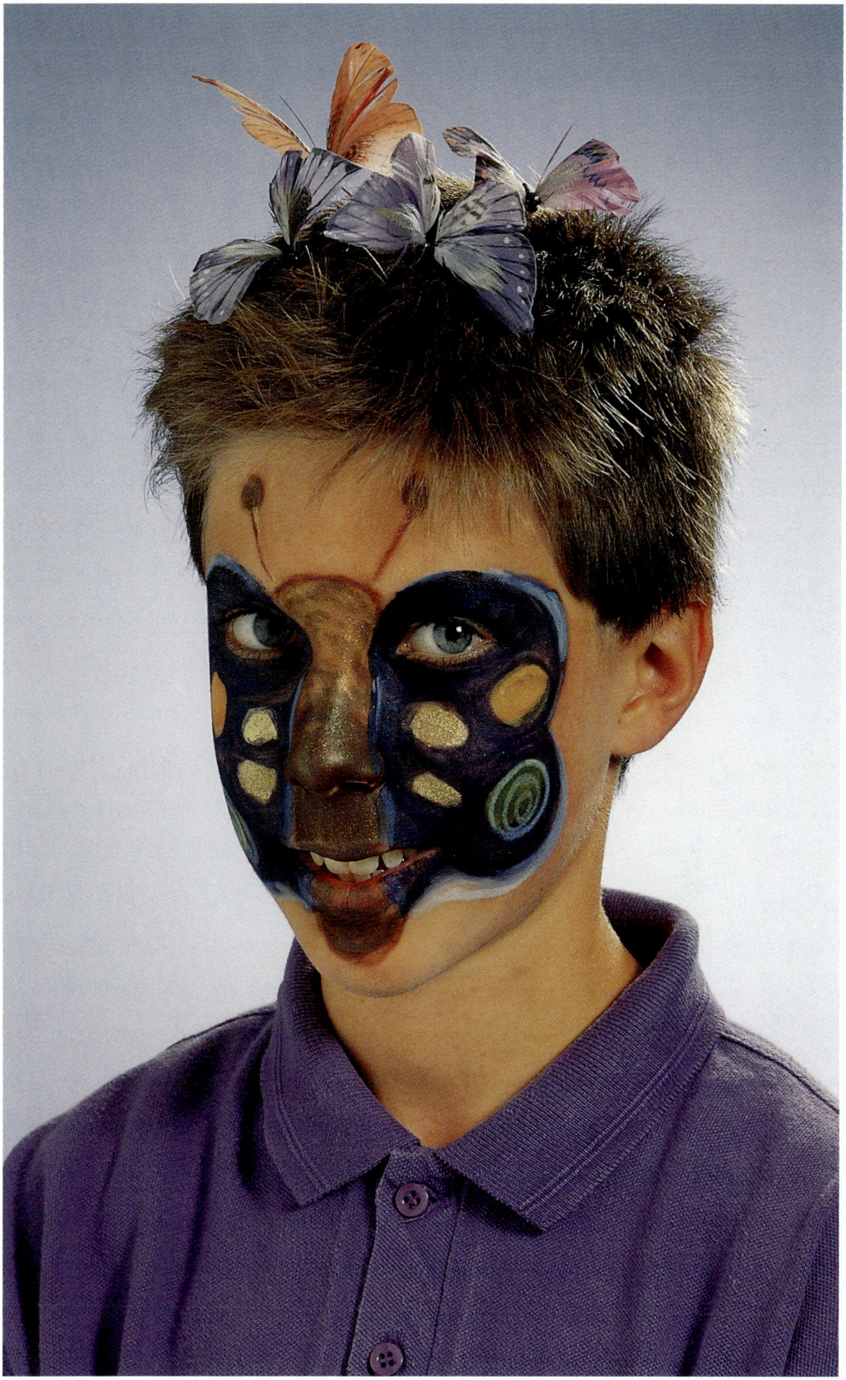

Lustiger Clown

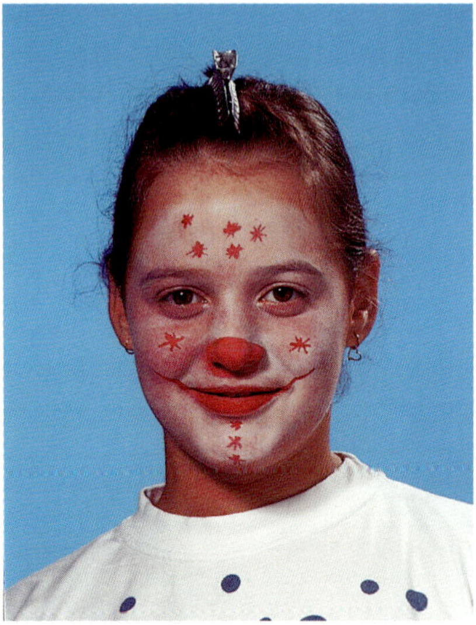

Grundieren Sie das Gesicht kräftig, auch über die Braue hinaus, mit dem Schwamm in Weiß. Setzen Sie dann kleine rote Sterne auf, wie auf der Abbildung dargestellt. Bemalen Sie den Mund mit einer aufsteigenden Linie in Rot. Danach können Sie mit Blau beliebig weitere Sterne aufzeichnen.
Zum Schluß zeichnen Sie einen schwarzen Bogen weit über die Braue. Er endet am Oberlid. Die Nase und der Mund werden schwarz umrandet. Kleine Lachfältchen um die Augen und am Mund hinzufügen. Kajal um das Auge, und fertig ist das Clown-Make up!

Süße Susi

Susis Gesicht wird dünn mit Weiß grundiert. Soll es jedoch schnell gehen, ist dies nicht unbedingt nötig. Um die Nase erhält sie viele Sommersprossen, dafür den Kajalstift mit Druck drehen. Den Mund malen Sie klein, rund und rot.
Die Bäckchen werden mit dem Schwamm kräftig mit Rot bemalt. Der Gag sind die Wimpern, die Sie mit Kajal oder flüssigem Eye-Liner sehr fein aufmalen (nehmen Sie Pinsel der Größe 1 oder 2). Die Wimpern werden noch getuscht. Die Lachgrübchen sind zwei kleine, rote gewölbte Striche.

Die Schminkfarben für dieses Gesicht können auch aus Muttis Schminktäschchen stammen!

Fast wie Zorro ...

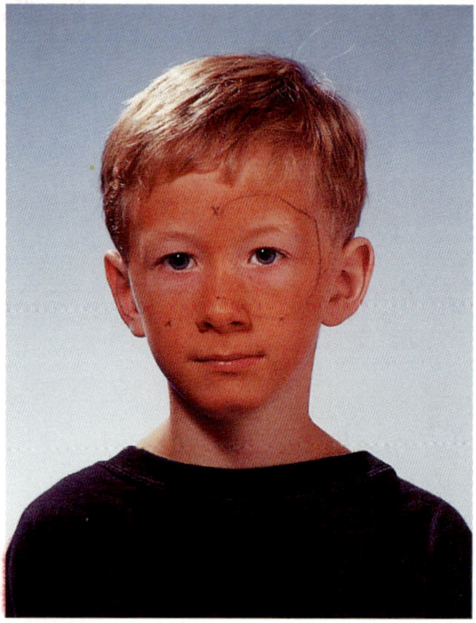

Die Gesichtsgrundierung kann in Beige erfolgen. Für die Maske markieren Sie die Mittelpunkte von Stirn, Nase und Wangen (Arbeitsfoto oben).
Die Augenpartie in Schwarz großflächig mit einem Schwamm vormalen. Um das Auge blitzt es weiß. Kajal wird kräftig auf das Ober- und Unterlid aufgetragen. Die Maskenform sauber umranden.

INDIANERIN

Die ersten Linien sind zwei gewölbte Bogen für das Stirnband. Das Gesicht wird kräftig braun getönt. Auf beiden Wangen plazieren Sie drei breite, kurze Pinselstriche übereinander und umranden diese mit Kajal. Die gleichen Farben werden für das Stirnband verwendet.

Die Lippen etwas betonen und die Augen kräftig mit Kajal nachziehen.

Cowboy

mit blauem Auge und Halstuch

Den Cowboy mit Farbe etwas „sonnenbräunen". Die Stirnfalten, die Augen, die Brauen, den Bart und die Bartstoppeln mit Braun malen.
Die Halstuchform wird als Dreieck mit der gewünschten Farbe kräftig mit dem Schwamm aufgetragen. Die Unterlippe röten, die Oberlippe wird vom „Bart" bedeckt.
Für das „blaue Auge" wird mit dem Finger Blau und wenig Rot verwischt, auch ein wenig Grün läßt das Auge schillern.
Zum Schluß folgt der Rand vom Halstuch. Malen Sie auch noch Tupfen darauf, ganz wie Sie Lust haben.

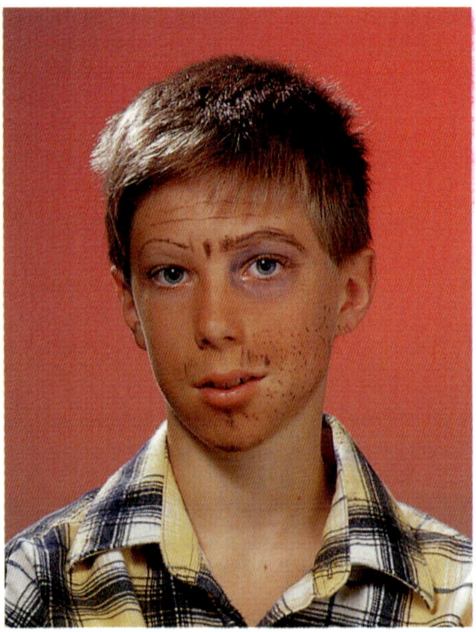

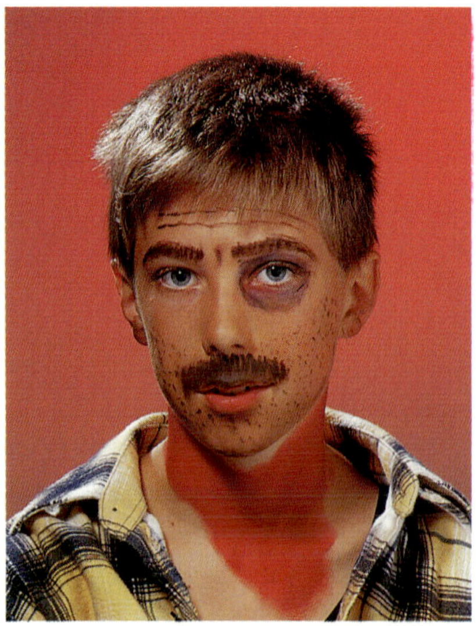

Phantasie-Maske

Markieren Sie zunächst mit einem schwarzen oder einem anderen dunklen Kajalstift die Linien auf dem hell grundierten Gesicht. Ein Strich geht über die Nase und endet am Kinn. Ganz nach Lust können Sie nun die weiteren Farben frei wählen.

Mit einem breiten Pinsel füllen Sie den Raum zwischen den Strichen. Die Augen werden mit Kajal kräftig umrandet und nach hinten verlängert. Malen Sie tropfenförmig einige Tränen auf die Wangen. Die Lippen werden passend zur Maske bemalt. Als I-Tüpfelchen können Sie Goldflitter über das Make-up tupfen.

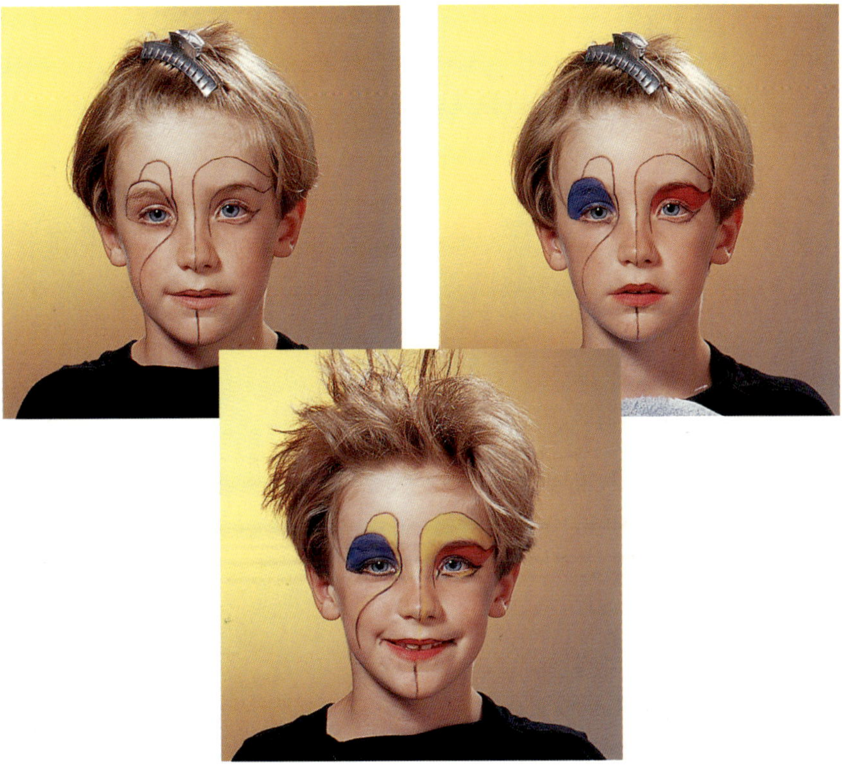

Mögen Sie's nun lieber ernst oder flippig?

Phantasie in Moll

Das Gesicht wird weiß oder hellblau grundiert. Die rechte Gesichtshälfte beginnt mit einem Halbkreis, den Sie mit einem ca. drei Finger breiten Abstand über die Braue laufen und im Augenwinkel enden lassen. Die zweite Linie ist ein leichtes Oval Richtung Braue. Das Auge ganz kräftig mit Lidstrich einrahmen. Unter dem Unterlid beginnt nun die Wangenzeichnung wie auf der Abbildung.
Auf der linken Gesichtshälfte eine Art Fragezeichen, von links beginnend, über das Auge ziehen, darüber einen zweiten Bogen setzen. Die Nase, die Oberlippe und das Kinn werden durch einen schmalen Strich optisch geteilt. Die Lippen malen Sie in der Farbe der Maske. Alles kann farblich nach Wunsch ausgefüllt werden. Einige tropfenförmige Tränen auf die Wange zeichnen. Sie können das Phantasie-Make up auch mit Gold- oder Silber-Farbe verfeinern.

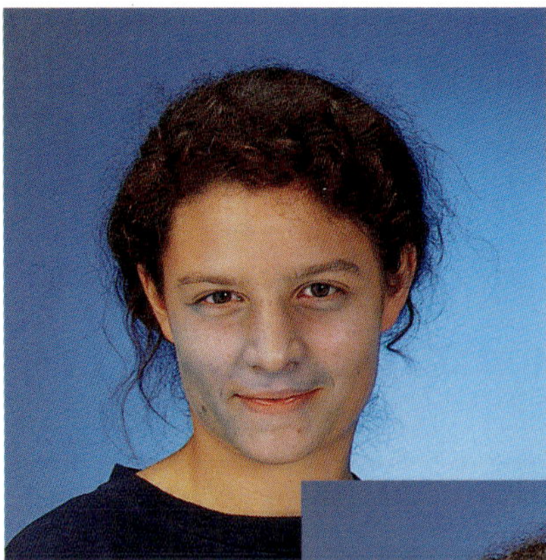

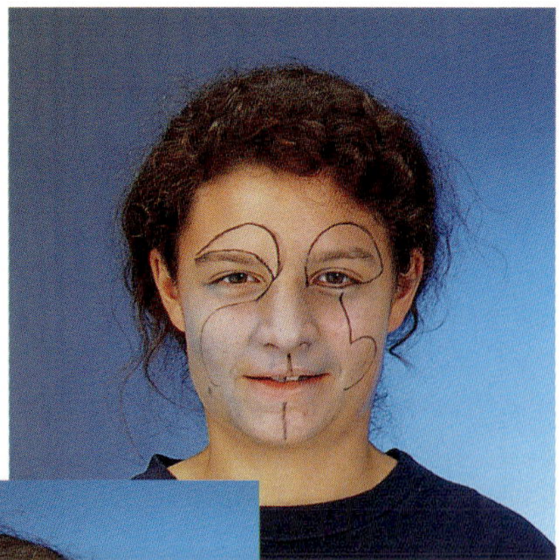

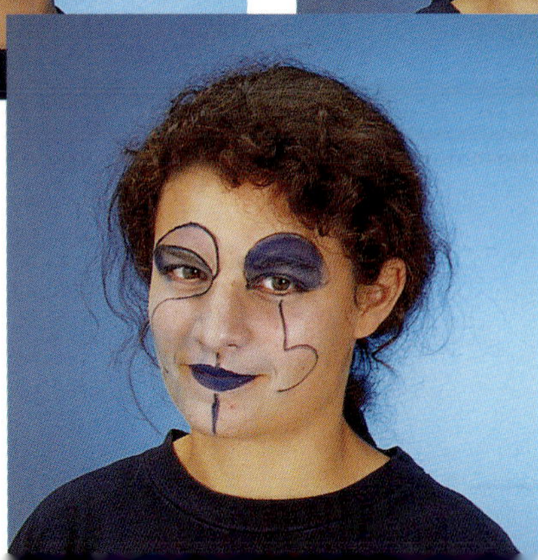

SONNE

Mit Gold bedecken Sie mit Hilfe des Schwamms die linke Gesichtshälfte ganz. Die rechte Gesichtshälfte bleibt ab der Wangenmitte frei.
Mit Rot zunächst die Strahlen, die an Blütenblätter erinnern, aufzeichnen. Das Gold wird mit einer roten Linie beendet, hier beginnt die Strahlung (siehe Abbildung 2).
Beide Augen kräftig mit braunem Kajal umranden, die Lippen rot. Die Strahlen können mit Orange und Gelb oder auch mit Gold schattiert werden.

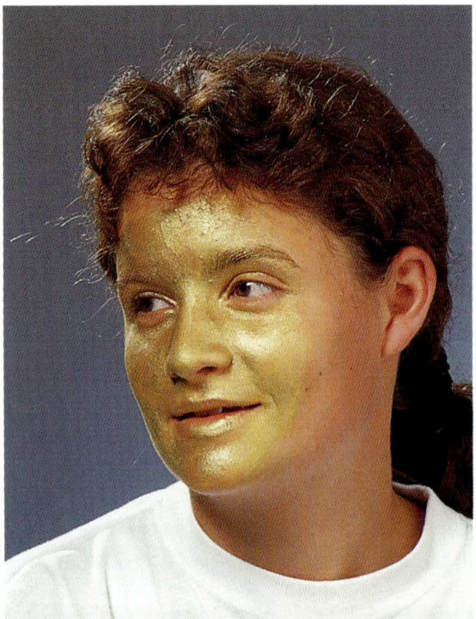

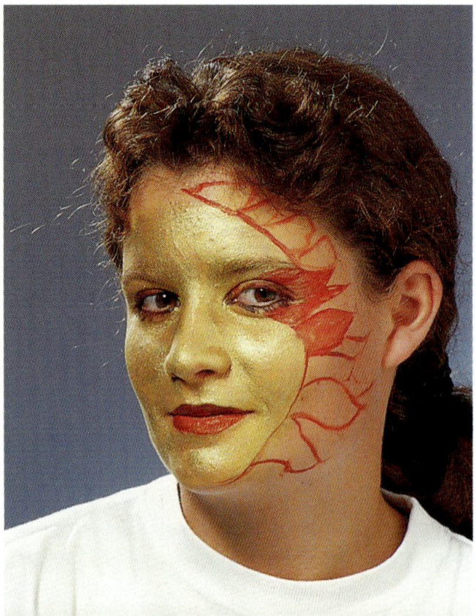

Mond und Sterne

Für die Sterne legen Sie zwei Dreiecke übereinander, so daß fünf Zacken entstehen. Vielleicht hilft hier eine Schablone. Benutzen Sie einen grauen oder silberfarbenen Kajal für die Vorzeichnung.
Der Mond „liegt" etwas, und seine Linie läuft über das linke Auge, die Nasenspitze bis zum Mund und endet am Kinn. Danach mit Silber die Sterne mit einem breitflächigen Pinsel, den Mond mit dem Schwamm ausfüllen.
Die rechte Gesichtshälfte wird mit Hellblau bedeckt. Zum Schluß können Sie alles noch einmal mit einem dünnen Pinsel umranden und auf das Mondauge lange, dünne Wimpern aufmalen.

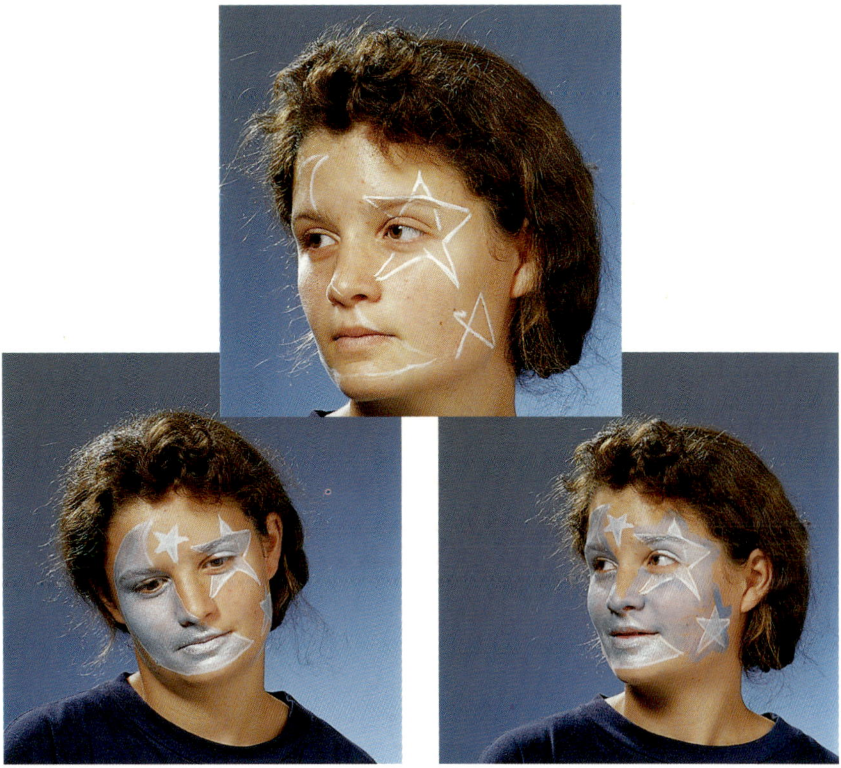

BLÜTE MIT RANKE

Beginnen Sie, Teile des Gesichtes mit zartgrüner Grundierung zu bemalen. Auf der Stirn beginnt die Blüte. Fächerförmig fällt sie über beide Augen bis über die Nase. Markieren Sie die Anzahl der Blütenblätter jeweils mit einem zarten Punkt, der die Spitze eines jeden Blattes andeutet. Danach zeichnen Sie mit einem grünen oder weißen Stift die Blattformen. Die sieben Blütenblätter können Sie in jeder beliebigen Farbe bemalen.
Der Stengel und die Ranke mit den Blättern wachsen aus dem Ausschnitt, hierfür nehmen Sie Zartgrün. Alle Blütenblätter werden fein umrandet, auch leichtes Schattieren erhöht den Effekt. Die Lippen und die äußeren Kanten der Blätter werden mit Gold bedeckt.

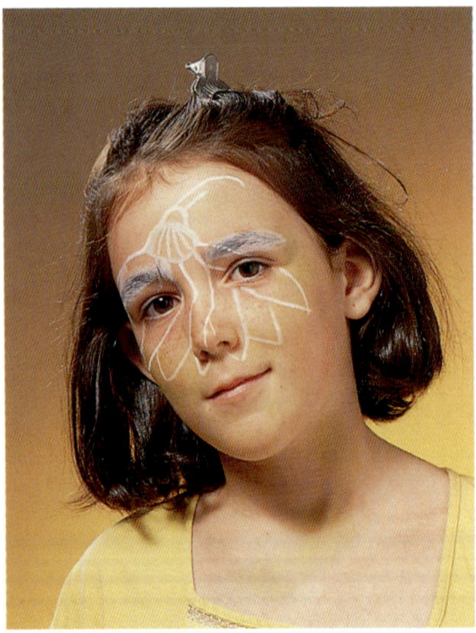

Bunte Blume

Wählen Sie eine beliebige Farbe für die Augen. Bedecken Sie das Lid kreisrund, dafür Schwamm oder großen Pinsel benutzen. Beginnen Sie mit vier Strahlen nach dem Uhrzeigersinn (3, 6, 9, 12), und nehmen Sie dazu eine zweite Farbe. Schließen Sie den Blütenblätterkreis strahlenförmig mit breiten Pinselstrichen. Die Größe der Blume wird durch Ihren Pinselstrich bestimmt.

Zum Schluß umranden Sie jedes Blütenblatt mit einem schwarzen Stift. Sie können die Ungenauigkeiten der Blütenblätter noch einmal ausgleichen (mit einem kleinen, breiten Pinsel direkt in der Lidfalte und unter den Wimpern nacharbeiten).

Wenn Sie möchten, kann das Gesicht auch leicht beige oder weiß grundiert werden. Auch die Lippen können bemalt werden.

Schnuller

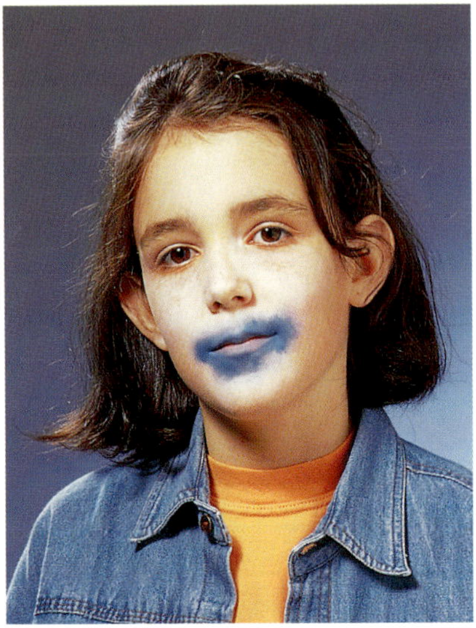

Grundieren Sie einen dunklen Teint heller, fahren Sie mit Schwamm und Farbe auch über die Brauen.
Der Mund kann in beliebiger Farbe für den Schnuller etwa ein bis zwei Finger breit übermalt werden. Die Schnullermitte wird kreisrund mit einer anderen Farbe bemalt. Der Schnullerring ist ein Dreiviertel-Kreis, der über den Schnullerrand ragt.
Eventuell etwas Rouge auf die Wangen auftragen und alles sehr fein umranden.

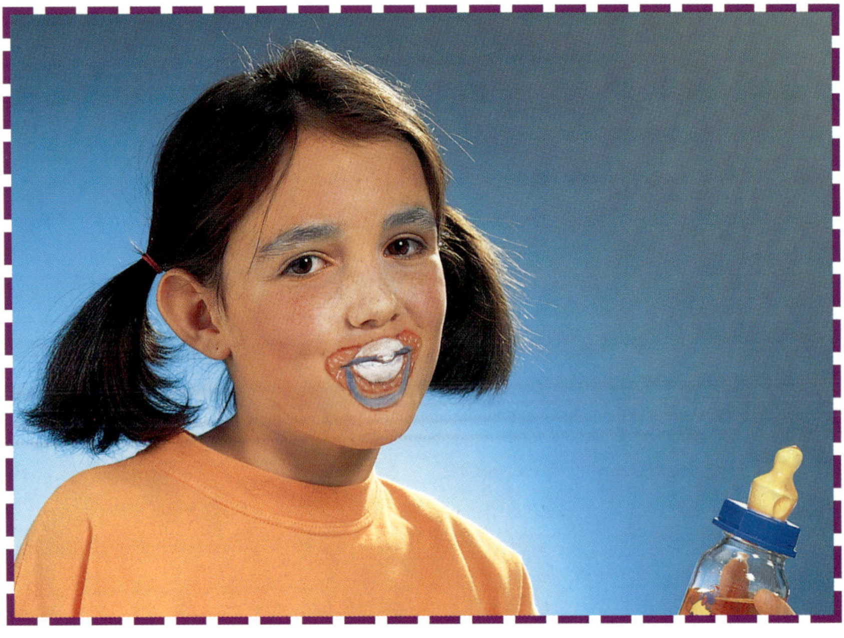

Brille

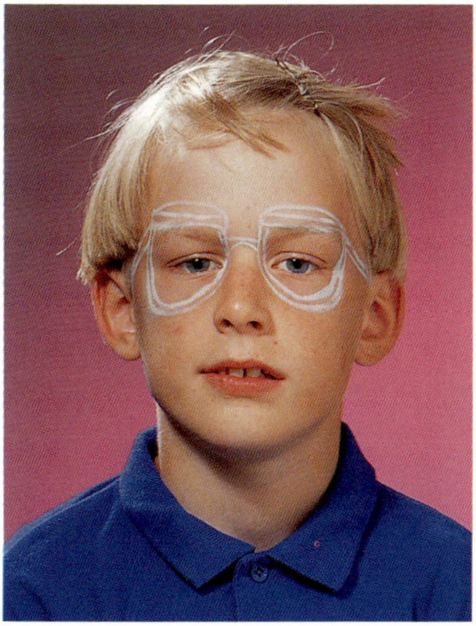

Die Brille wird auf ein ungrundiertes Gesicht gezeichnet. Mit beliebiger Stiftfarbe die große Brillenform aufmalen. Mit einer zweiten Farbe die Brillenfassung und die Bügel ausmalen. Über die Braue kann ein Schmuckrand laufen, der mit Gold- oder Silberfarbe ausgefüllt wird.
Der Käfer krabbelt über die Wange. Ein roter, ovaler Kreis, mit schwarzer Mittellinie für den Körper, einige Tüpfelchen und zwei kleine Fühler – fertig ist der kleine Glücksbringer.

Arm- oder Körperbemalung

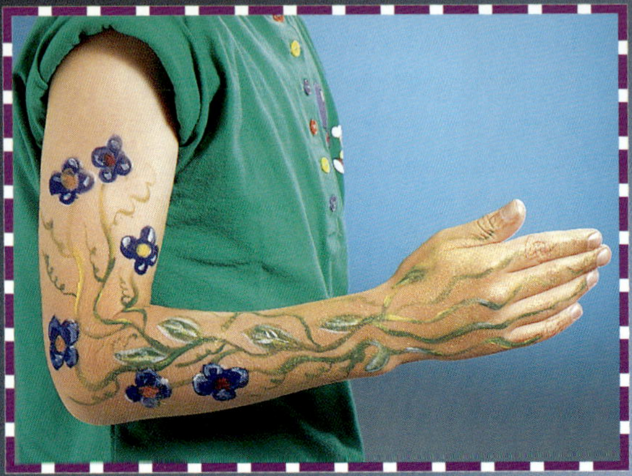

Die Blütenranke mit zarten Wurzeln findet überall Platz.

Schmuck

Die gewünschten Formen einfach auf die Finger und Arme malen. Schmuck, Juwelen, eine Uhr … der Phantasie sind keine Grenzen gesetzt!